DIE ZISTERZIENSER

Die Texte wurden in Zusammenarbeit
mit Julie Roux verfasst
Geschichts- und Religionsberatung:
die Mönche der Abtei d'Acey
Nicolas d'Andoque
Übersetzung: Christiane Koch

MSM

▲ *Die Versuchung des hl. Antonius, Altarbild von Issenheim, Museum Unterlinden. Antonius, etwa 251 in Ägypten geboren, stammt aus einer reichen Familie. Er verkauft sein Gut, zieht in die Wüste und trotzt den Versuchungen der teuflischen Mächte. Er stirbt 356 auf dem vierzig Kilometer vom Roten Meer entfernten Berg Qolzoum. Der hl. Athanasius, Bischof von Alexandrien, schreibt seine Lebensgeschichte, die 372 ins Lateinische übersetzt wird und sich im Abendland ausbreitet.*

▶ *Qalaat Samaan, östlich von Antiochien. Simeon, 389 in Syrien geboren, zieht sich nach einer Askese bei Fasten und Demut in die Berge zurück. Dann thront er auf einer Säule von fünfundzwanzig Meter Höhe, um die dieses Heiligtum errichtet wird. Er stirbt 459.*

KLOSTERLEBEN VOR DEN ZISTERZIENSERN

In der zweiten Hälfte des 3. Jh. begeben sich Paulus, Antonius und die anderen 'Väter der Wüste', dem Beispiel Christi folgend in die Einsamkeiten Ägyptens, Palästinas und Syriens und suchen das Ideal eines Eremitenlebens (griech.: *eremos*, Wüste), das aus Entsagung und Gebet besteht. Gegen 320 gründet Pachomius in Thebais, Theben, das erste Kloster, namens '*Laura*'. Die Mönche (griech.: *monachos*, einsam) geloben dem Abt Gehorsam (aramäisch: *abba*, Vater), folgen einer gemeinsamen Regel, können sich aber auch einer individuellen Askese unterziehen. 357 beendet Basilius in Kappadokien das asketische Leben, das von Pachomius begonnen worden war. Im 4. Jh. wird das Mönchsleben unter dem Einfluss des hl. Athanasius, der 335 nach Trier verbannt wurde, und dank des hl. Hieronymus, einem Dalmatier, der 382 nach einem Leben als Eremit in der Chalcis-Wüste nach Rom zurückkehrte, in das Abendland eingeführt. In Gallien gründet der hl. Martin, ein römischer Soldat, der Mönch wurde, zwei einsiedlerische Bruderschaften: eine 360 in Ligugé bei Poitiers und eine andere 372 in Marmoutier bei Tours, wo er 371 zum Bischof geweiht wurde. Im 5. und 6. Jh. entwickelt sich das Mönchstum: 410 gründet der hl. Honorat Lérins im Golf von Cannes, gegen 415 wird von Jean Cassien Saint-Victor in Marseille, und gegen 435 wird Saint-Claude im Jura von Romain und seinem Bruder Lupicin gegründet. Der hl. Benedikt von Nursia, dessen Regel die Charta des

▲ *Kappadokien, das Weiße Tal bei Göreme.In dieser Gegend der heutigen Türkei gelobten die Jünger des Basilius im 4. Jh. Gehorsam (sie unterwerfen sich der Obrigkeit des Abtes) und der Beständigkeit (sie können das Kloster nicht verlassen). Basilius verfasst eine Regel, die die Zeiteinteilung zwischen manueller Arbeit und Gebet festlegt.*

▼ *Saint-Victor, Marseille: Lazarus-Säule in der kleinen Crypta. Cassianus verleiht dieser Abtei den Namen eines Marseiller Märtyrers, der von Kaiser Maximian Ende des 3. Jh. verurteilt wurde.*

abendländischen Klosterlebens werden sollte, gründet 529 die Abtei Monte-Cassino im Latium. Die Benediktinerregel wird erst Anfang des 7. Jh. von den Abteien übernommen, da sich das keltische Mönchsleben unter dem hl. Colomban gegen 550 in Gallien und Italien ausbreitet. Die Regel des hl. Benedikt wird jedoch im 8. Jh. nicht immer von den Abteien respektiert, die, insbesondere unter Karl dem Großen, politischen Einfluss erlangten. 814, bei der Thronbesteigung Ludwigs des Frommen tritt mit Benedikt von Aniane eine Erneuerung ein. Zukünftig müssen die Abteien jedoch mit den Lehnsmächten rechnen, die sich in ihre Verwaltung einmischen, und sie werden auch von den Überfällen der Sarazener, Ungarn und Normannen nicht verschont. 909 wird die Benediktinerabtei von Cluny, die von Guillaume, Herzog von Aquitanien, und Bernon, Abt von Baume-les-Messieurs, gegründet worden war, dem Heiligen Stuhl unmittelbar unterstellt. Der Orden der Clunisier wächst; seine Prioreien verteilen sich auf ganz Europa, es sind 1.200 Ende des 11. Jh., und unterstehen der Mutterabtei. Da der Orden sich ausweitet, Reichtum und Einfluss sich vermehren, ist Cluny für Anspruchsvolle kein Modell eines Mönchstums mehr. Ende des 11. Jh. lässt ein neuer Orden, der von 'Cîteaux' (Zisterzienser) das authentische Benediktinerideal wieder aufleben, indem man sich auf den Ursprung besinnt.

▲ *Downpatrick, Grabstein des hl. Patrick, Verkündiger des Evangeliums in Irland im 5. Jh.*

▼ *Moissac, Abteikirche Sainte-Marie, Tympanon. Die schwarzen Mönche von Cluny waren die Verfechter von Gottes Frieden und Ruhe in einer feudalen, zerrissenen Welt. Sie schufen Krankenhäuser auf den Wegen nach Compostella, errichteten großartige, reich ausgestattete Abteien und Heiligtümer und boten den Architekten und Bildhauern der romanischen Kunst eine breite Ausdruckspalette. Unter Bruch der Regel des hl. Benedikt verlängerten sie die Dauer der hl. Messe auf Kosten der Arbeit.*

▲ *Der hl. Benedikt erscheint zwei Mönchen im Traum und zeigt ihnen Pläne eines Klosters; Freske im Kreuzgang von Monte Oliveto Maggiore. Die Regel des hl. Benedikt legt u.a. die gemeinsamen Betstunden fest: Vigilien zwischen zwei und drei Uhr morgens, Laudes beim Morgengrauen, Prim frühmorgens, Tierce vormittags, Sexte mittags, None nachmittags, Vesper bei Tagesende und Complet vor dem Schlafengehen.*

◀ *Saint-Michel de Cuxa, Abteigründung 878.*

▲ *Le Miroir, Kirchenfenster. Robert von Molesme und die Mönche roden die Erde des Neuen Klosters. Diese war sumpfig und mit 'Cistels' (altfranz.: Binsen) bedeckt. „Ausser wilden Tieren lebte niemand hier."*

▶ *Ruinen der Notre-Dame von Aulps. Acht Jahre vor der Errichtung des Neuen Klosters hatte sich Robert von Molesme in das enge Tal Dranse de Morzine inmitten des Chablais zurückgezogen. 1136 wurde Notre-Dame den Zisterziensern angegliedert.*

▲ *Krummstab von Robert von Molesme, Museum der Schönen Künste, Dijon.*

▶ *Mönche als Holzfäller, Stadtbibliothek von Dijon, Manuskript. Die Zisterzienser widmen einen Teil ihrer Zeit der manuellen Arbeit und der eigenen Bewirtschaftung: sie produzieren ihre Nahrung selbst.*

▼ *Étienne Harding und der hl. Vaast schenken der Jungfrau ein Modell ihrer Abteien. Auslegung über Hieronymus von Saint-Jérôme, Stadtbibliothek von Dijon.*

EIN ORT NAMENS CISTELS...

Robert, 1030 nahe Troyes geboren, ist Mönch in Moutier-la-Celle, einem Cluny-Kloster, dessen Prior er 1050 wird. 1069 wird er von den Mönchen von Saint-Michel de Tonnerre als Abt berufen. Das herkömmliche benediktinische Mönchtum enthält jedoch Unzulänglichkeiten, und so verzichtet Robert 1071 auf sein Amt, um sich Eremiten im Wald von Colan anzuschließen. 1075 gründet er im Wald von Molesme bei Tonnerre ein Kloster, das die Askese und den Verzicht auf die Welt mit Zurückgezogenheit verbindet. Diese Rückkehr zur strengen Befolgung der Regel des hl. Benedikt ist bald in der Gemeinschaft umstritten. 1090 verläßt Robert sein Kloster, um in Aulps, im Chablais, als Eremit zu leben. Im Jahre 1093 kehrt er nach Molesme zurück und unterstützt die Anhänger seiner Reform, u.a. den Prior Albéric und den Mönch Étienne Harding. Sie verlassen Molesme mit Gleichgesinnten, um am 21. März 1098 südlich von Dijon, in einem Ort namens *Cistels*, ein Gebiet, das ihnen vom Vicomte de Beaune zugestanden wurde, ihr 'Neues Kloster' zu gründen. Die Mönche von Molesme fordern die Rückkehr ihres Abtes und richten einen Appell an Papst Urbain II. 1099 beschließt die Synode von Port-d'Anselle die Rückkehr Roberts nach Molesme und legitimiert die Gründung des Neuen Klosters. Hier wird Albéric Abt und Papst Pascal II. gewährt ihm am 19. Oktober 1100 seinen Schutz.

▲ *Canterbury, Kirchenfenster der Kathedrale: ein Wunder des hl. Thomas. Thomas Becket, Erzbischof von Canterbury wurde von Henri II. Plantagenêt ins Exil geschickt und flüchtete 1164 nach Pontigny. Als er 1170 nach England zurückkehrte, ermordeten ihn vier Ritter in seiner Kathedrale. Er wurde 1174 heiliggesprochen. Einige seiner Nachfolger kamen ebenso nach Pontigny: Étienne Langton, der in Konflikt mit Jean sans Terre stand, lebte hier zwischen 1208 und 1213. Edmond Rich, 1246 heiliggesprochen, wurde hier begraben. Sein Grab wird von vielen Pilgern aufgesucht.*

▶ *Pontigny, Abteikirche. La Ferté, Pontigny, Clairvaux und Morimond, die ersten Tochterhäuser von Cîteaux sind die Stammhäuser der Hauptniederlassungen des Ordens. Als 'erste Väter des Ordens' sind ihre Äbte zum regelmäßigen Besuch der Abtei von Cîteaux verpflichtet, deren Verantwortung sie im Falle von Abwesenheit haben.*

▼ *Preuilly, Ruinen der Abteikirche.*

◀ *Clairvaux, Keller.*

▶ *Fragment der einfarbigen Großen Bibel der Zisterzienser, Stadtbibliothek von Dijon. Der Tagesablauf eines Zisterziensermönches wird durch die Messfeiern zu den Zeiten, die die Regel des hl. Benedikt vorsieht, gegliedert. Die restliche Zeit widmet er dem Lesen heiliger Texte, 'Lectio Divina', und manueller Arbeit. Nach dem Prim-Gesang versammeln sich die Mönche im Stiftssaal, wo der Abt die Regel auslegt und jeder seine Fehler und Verstöße bekennt.*

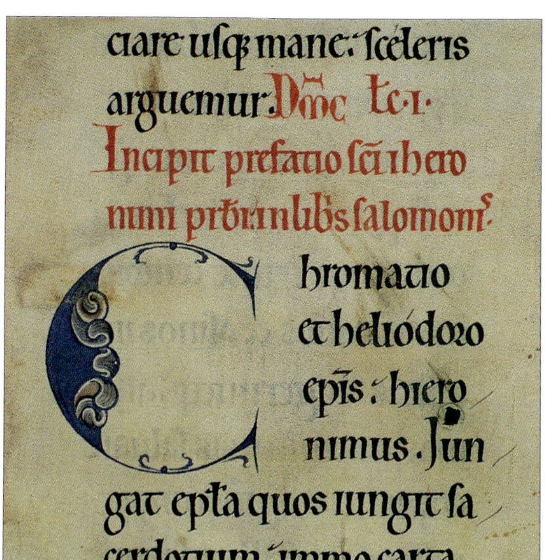

ALBÉRIC UND ÉTIENNE, DIE PIONIERE

Albéric, einer der eifrigsten Befürworter des Bruchs mit Molesme, wird also Ende des Jahres 1100 Abt eines Klosters, das zwölf Mönche zählt. Abseits der Gesellschaft leben diese in Armut und Askese, ohne weitere Einnahmequellen als die ihrer täglichen Arbeit. Die kleine Bruderschaft versucht, zu den Wurzeln des Benediktiner-Ideals zurückzufinden. 1109 jedoch, als der zweite Abt stirbt, scheint das Neue Kloster seinem Ende entgegen zu gehen: die Gebäude sind verwahrlost, und die umgebende Natur ist für eine Bewirtschaftung ungünstig. Die Mitglieder altern; niemand schließt sich ihnen an. Étienne Harding wird Klosterabt und bald vergrößert sich ihr Gebiet dank der Spenden der Schlossherrin von Vergy. Der Eifer und die Tugendhaftigkeit seiner Mönche verleihen der Abtei einen guten Ruf und ab 1111 kommt mit dem materiellen Aufschwung auch Zuwachs. Darunter ist auch der Sohn des Herrn von Fontaine, Bernhard, der 1112 mit dreißig Gefährten das Noviziat antritt. Die Mitgliederzahl des Neuen Klosters erlaubt nun die Ausbreitung. Die erste Tochterabtei, La Ferté, wird 1113 gegründet. Es folgen 1114 Pontigny, dann Clairvaux im Jahre 1115, deren erster Abt Bernhard wird, ferner Morimond. Nach einer Unterbrechung von drei Jahren werden 1118 die Gründungen mit Preuilly fortgesetzt, gefolgt von Bonnevaux 1119 und Aumône im Jahre 1121. Während sich der

Zisterzienserorden ausweitet, weil auch die Tochterhäuser ihrerseits Niederlassungen gründen, strukturiert sich der Orden unter Étienne. Auf dem institutionellen Gebiet erarbeitet der Abt des Mutterhauses, das nun den Namen 'Cîteaux' annimmt, nach der Gründung des zweiten Tochterhauses die *Charta der Barmherzigkeit*, die 1119 vom Papst Calixtus II. genehmigt wird. Diese Charta sichert die Zusammengehörigkeit der Abteien durch die Einführung des Jahreskonvent des Ordenskapitels, der alle Abteien des Ordens mit Cîteaux verbindet, sowie den jährlichen Besuch der Tochterhäuser des Generaloberen. Étienne lässt die Geschichte der ersten Jahre des Neuen Klosters schreiben, die *Exorde primitif*. Auf materiellem Gebiet organisiert Étienne die Aufwertung des Besitztums und die Erweiterung durch Scheunen, Nebengebäuden, deren Bewirtschaftung Laienbrüdern anvertraut wird, Ordensbrüder, die nicht zum Gottesdienst verpflichtet sind, und denen weltliche Angestellte, die *Mercenarii*, zugeordnet wurden. Als Étienne sich 1133 kurz vor seinem Tode zurückzieht, hat er ein umfangreiches Werk vollbracht. Der Orden zählt jetzt etwa siebzig Abteien, die sich in der Champagne, in Burgund, Franche-Comté, aber auch in Italien, Deutschland und England befinden. Er hat solide Strukturen und vergrößert sich unter dem Einfluss einer außergewöhnlichen Persönlichkeit: Bernhard von Clairvaux.

▲ Laienbrüder, Grabplatte von Étienne, Obazine. Die Abtei hat eine dreistufige Laufbahn: Der Novize wird in das Klosterleben eingeweiht. Nach dem Wunsch der Beständigkeit, des Gehorsams und der Keuschheit wirde er Profeß und trägt die Tunika der „weißen Mönche". Der bärtige Laienbruder hat auf seinen persönlichen Besitz verzichtet und widmet sich dem Gebet und manueller Arbeit.

▼ Ourscamp, Krankenzimmer. Der Abt wird auf Lebenszeit gewählt. Der Mesner kümmert sich um Kulturelles und zählt auf den Bibliothekar, der die Schlüssel der Bibliothek bewahrt. Der Kellermeister beaufsichtigt mit dem Haushaltsleiter die Verwaltung. Der Pförtner überwacht den Eingang und der Hotelier empfängt die Gäste. Weitere kümmern sich um die Armen und Kranken.

▲ Le Clos de Vougeot. Die Zisterzienserabtei besitzt fünf-bis achttausend Hektaren Grund. Die Scheunen werden unter Leitung der Kellermeister von Laienbrüdern bewirtschaftet. Sie liegen einen Tagesmarsch von der Abtei entfernt. Ab 1116 produziert die „Cellarium de Vooget", aus Citeaux einen hervorragenden Wein.

◀ Obazine, Kanal der Mönche. Um ihre Abteien und Scheunen mit Wasser zu versorgen, wurden die Zisterzienser wahre Meister der Hydraulik.

▲ *Étienne Harding empfängt Bernhard und seine Gefährten in Gegenwart seiner Eltern in Cîteaux, 'Miroir historial' Vincent de Beauvais, 15. Jh., Condé-Museum, Chantilly.*

◀ *Fontenay, Wappen der Abtei.*

▶ *Fontenay, Kreuzgang.*

◀ *Fontenay, Ostfassade. Mit der Kirche in lateinischer Kreuzform und flacher Apsis, ist sie dem typischen Plan einer Zisterzienserabtei sehr nahe. Die Zisterzienser bauten am Wasser, um zu fischen, eine Mühle zu betreiben und um zu bewässern. Der Profeß lebt im Kloster gemäß der Regel in der Stille. Der Ostflügel beherbergt den Stiftssaal und den Schlafsaal. Das Refektorium befindet sich gegenüber dem Flügel, der sich der Kirche anschließt. Das Quartier der Laienbrüder liegt abgesondert im Westen. In der Kirche sitzen die Laienbrüder im Schiff, während die Mönche im Chor Platz nehmen.*

▶ *Fontenay, Schmiede.*

BERNHARD VON CLAIRVAUX

Bernhard, 1090 in Fontaine-lès-Dijon geboren, ist Sohn des Gutsherrn Tescelin de Fontaine und Aleth de Montbard, Adelige mittleren Ranges. Sie haben sieben Kinder, sechs Jungen und ein Mädchen. Seine Brüder scheinen für die Ritterschaft bestimmt zu sein, während Bernhard der einzige ist, der, vielleicht wegen seiner schwachen Gesundheit, den Domherren der Stiftskirche Saint-Vorle in Châtillon-sur-Seine anvertraut wird. Er liest die Bibel, hört von den Kirchenvätern, von Theologie und studiert lateinische Schriften. Bernhard, intelligent und äußerst feinfühlig, ist achtzehn, als er auf das Schloss seiner Familie von Fontaine zurückkehrt, um hier das Leben eines jungen Aristrokaten zu führen, jedoch nach und nach seine Berufung zum Klosterleben erkennt. 1112, mit zweiundzwanzig Jahren, tritt er als Novize in das Neue Kloster nahe dem Cistels-Wald gemeinsam mit dreißig Gefährten, darunter vier seiner Brüder und zwei Onkel mütterlicherseits, ein, deren Ideal der Einsamkeit, Armut und geistiger Askese von den benachbarten Gutsherren gepriesen wurde. Im Juni 1115 setzt Étienne Harding Bernhard an die Spitze der Abtei von Clairvaux im Kanton Bar-sur-Aube. Dank seiner Dynamik und des Einflusses seines Abtes gründet Clairvaux bereits 1118 die Abtei Trois-Fontaines, 1119 Fontenay und 1121 Foigny. 1125 veröffentlicht Bernhard seine *Apologie*, die er seinem Freund Guillaume de Saint-

Thierry widmet, in der er den Ernst, die Armut und Einfachheit der Zisterzienser dem ostentativeren Leben derer von Cluny gegenüberstellt. Sie wurde verfasst, als der Zisterzienserorden seine volle Entfaltung erlebte und das neue Modell des Mönchstums wurde, allerdings beneidet und manchmal der Übertreibung und Selbstgefälligkeit beschuldigt. Die *Apologie* verteidigt ihn mit der brillanten und herben Feder Bernhards und trifft seine Gegner vernichtend. Schon bald wird Bernhard einer der Großen des abendländischen Christentums. 1128 wohnt er der Synode von Troyes bei, die die Aufgaben und Strukturen des Templerordens, der 1118 gegründet wurde, festlegt, um die Freistaaten Syrien und Palästina, die nach dem ersten Kreuzzug geschaffen wurden, zu verteidigen. Bei der Kirchenspaltung von 1130 zeichnet sich der Abt von Clairvaux an der Seite Innozenz II. aus. Anschließend interveniert er häufig bei den Bischofs- und Papstwahlen, was die Wahl von integeren und sittlichen Männern fördert, oft Zisterzienser: 1138 erringt der Prior von Clairvaux, Godefroy de La Roche Vanneau, den Bischofssitz von Langres; 1145 wird ein anderer Zisterzienser, Bernhard Paganelli, Abt von St. Anasthasius nahe Rom und ehemals Mönch von Clairvaux, Papst unter dem Namen Eugen III. Diese außergewöhnliche Weltöffnung, die für die Kirche verlangt wird, verstärkt das Prestige und die Macht des Ordens, und ab 1134 wird sie vom

◀ *Museum von Cluny: Narthexfrise der Abteikirche. In seiner 'Apologie' von 1125 verurteilt Bernhard den Prunk der Clunisier: „Was machen die lächerlichen Monster, die schrecklichen Schönen und die schönen Schrecklichen in den Klöstern? Was sollen diese unreinen Affen, die wilden Löwen, diese grässlichen Zentauren? Diese Halbmenschen?"*

▶ *Noirlac, Kreuzgang. Der erste Abt war Robert de Châtillon, ein Neffe Bernhards. Robert bricht jedoch 1124 sein Geloben der Beständigkeit und verlässt die Abtei von Clairvaux auf Wunsch des clunisischen Priors Matthieu. Bernhard verlangt schriftlich seine Rückkehr und wirft den schwarzen Mönchen ihre Gefräßigkeit, ihre mangelnde Geistigkeit bei der Messe und ihre Verachtung manueller Arbeit vor.*

◀ *Chiaravalle. Sie wurde 1135 bei Mailand erbaut, wo Bernhard sich im gleichen Jahr aufhielt, um die Bevölkerung für Innozenz II. zu gewinnen, die mehr Anaclet II., dessen Gegner, zugeneigt war.*

◀◀◀ *Longpont. Beheiztes Zimmer. Das Einzige des Klosters, wo man Tinte und Wachs durch Feuer verflüssigte.*

◀◀ *Oseira, Stiftssaal, Ende 15. anfangs 16. Jh. 1143 schliesst sich diese galiezische Abtei an Clairvaux an.*

◀ *Stillen von Bernhard durch die Jungfrau, Werk aus dem 13. Jh. Durch dich füllt und leert sich der Himmel, schreibt er in seiner Predigt über das „Hohelied".*

Generalkapitel toleriert. Auf Ersuchen der Kirchenobrigkeit verfolgt der Abt von Clairvaux seine Dienste für das Christentum weiter. Von Mai bis Juli 1145 unternimmt Bernhard, begleitet vom Bischof von Chartres und des Legaten Albéric, Kardinal und Bischof von Ostie, eine Reise in das Herzogtum Aquitanien und die Grafschaften Poitou und Toulouse, um den ketzerischen Predigten von Henri de Lausanne zu widersprechen und den Katharern entgegenzuwirken. Im nächsten Jahr organisiert Eugen III. einen zweiten Kreuzzug aufgrund des Vorrückens der Türken in die christlichen Staaten des Mittleren Orients. Nun wendet er sich an seinen ehemaligen Abt, Bernhard, der am 31. März 1146 in Vézelay einen Appell an die großen Gutsherren richtet und sie zu Enthusiasmus und Teilnahme ermutigt. Durch dieses Engagement für die Probleme seiner Zeit weilt er oft außerhalb seines Klosters, aber Bernhard bleibt ein vorbildlicher Mönch und Abt. Als talentierter und schöpferischer Schriftsteller verfasst er großartige Predigten über das *Hohelied* und sein Einfluss auf die Gebiete der Spiritualität, der Liturgie, der Architektur und der Kunst ist erheblich. Als meisterlicher Denker seines Ordens nimmt er an dessen Entwicklung aktiv teil. Er bewirkt die Aufnahme vieler Bruderschaften und Domherren. Bei seinem Tod im Jahre 1153 hinterlässt er ein unermessliches Werk und wird 1174 heilig gesprochen.

▲ *Fontfroide, Stiftssaal. Diese Abtei war das Tochterhaus von Grandselve, ihrerseits Tochterhaus von Clairvaux. Eine Abtei konnte durch Verzweigung neue gründen. Andere, ordensfremde, von ihren Mönchen verlassen, wurden von Zisterziensern übernommen. So gliederten sich einige ein: 1147 Savigny mit seinen vierundzwanzig Häusern das sich dem Clairvaux-Zweig anschloss.*

◀ *Poblet, Waschbecken. Hier wuschen sich die Mönche, bevor sie ins Refektorium gingen.*

▶ *Piedra, Eingang des Stiftssaals. 1194 gründet Poblet am Ufer der Piedra in einer Oasis von Frische und Grünem, im Herzen des kargen aragonischen Plateaus, eine Niederlassung.*

▲▲ *Moreruela. Zwischen Léon und Zamora wurde diese Abtei 1143 durch zwei Mönche aus Clairvaux, Pierre und Sanche gegründet.*

▲ *Orval, Säulen und Kapitelle. Ihrem nüchternen Ideal entsprechende Zisterzienserkunst : Sie wiederspiegelt sich in Skulpturen, der Architektur, den Fenstern, Bildern und sogar im Gesang.*

▼ *Die Jungfrau erscheint Bernhard, Werk von Filippino Lippi, Badia Fiorentina. Die Zisterzienser verehren die Jungfrau und stellen ihre Abteien unter ihren Schutz.*

▲▲ Sénanque, Zeichen eines Handlangers. Mit Silvacane und Le Thoronet bildet sie die Gruppe von drei Schwesterhäusern in der Provence.

▲ Sylvanès, Fenstergitter aus dem 12. Jh. Wie Sénanque und Le Thoronet ist sie ein Tochterhaus von Mazan.

▲ Sénanque, Apsis und Lavendelfeld. Zwölf Mönche von Mazan, Tochterhaus von Bonnevaux, gründeten diese Abtei nördlich vom Luberon.

◀ Le Thoronet, Ostseite des Kreuzgangs. Erst 1156 richtete sich die Abtei an ihrer endgültigen Stelle, auf dem Boden von Raymond Bérenger, Graf von Barcelona und Fürst der Provence, ein.

▶ Silvacane, Schlafsaal der Mönche. Wie in jeder Zisterzienserabtei schliefen sie gemeinsam und für die Vigilien fertig gekleidet.

EIN ENGAGEMENT IM DIENSTE DER KIRCHE

Der Bruderorden zählt etwa dreihundertundfünfzig Abteien beim Tode von Bernhard. Im Jahre 1250 sind es bereits sechshundertundfünfzig. Die Abteien der Zisterzienserschwestern, die ab 1125 unter dem Abt Étienne entstanden waren, der Tart gegründet hatte, werden nun immer zahlreicher. Der Orden ist in ganz Europa verbreitet, auf Zypern und sogar in Syrien. Dieser Aufschwung, verstärkt durch die Aufnahme von Bruderschaften, die ihre eigenen Bräuche besaßen, machte eine breitangelegte Neuorganisation erforderlich, die vom Generalkapitel 1152 durchgeführt wurde, um die Strukturen auf den neuesten Stand zu bringen, indem aber die Grundprinzipien und der Zusammenhang der Abteien erhalten bleiben sollte. Der Orden entwickelt sich weiter, scheint jedoch in seiner Treue zu den alten Idealen bedroht, da er häufig in die Geschehnisse seines Jahrhunderts verwickelt wird. Die Mönche arbeiten mit dem Klerus zusammen und engagieren sich in der Seelsorge, was gelegentlich dazu führt, dass sie Pfarreien leiten. In den slavischen Staaten und in Deutschland nehmen die Zisterzienser an der Bekehrung von Heiden teil. Im Bekenntnis zur Fleischwerdung Christi und zu Maria intervenieren sie auch bei theologischen Debatten. Ihren Reihen entstammen zahlreiche Bischöfe und Kardinäle. In jener Zeit werden die Bindungen zwischen dem

Orden und dem Papst enger, insbesondere unter Alexander III. (1159-1181), der ihm das Dispensprivileg gewährt. Die Zisterzienser sind ebenfalls in den Kampf gegen die Kätzer Südfrankreichs und Norditaliens, sowie gegen die Mauren auf der iberischen Halbinsel, eingebunden, die nicht nur geistiger Art sind. Ihre Aufgaben als Hirten und Bekehrer führen häufiger dazu, sich dem Studium zu widmen und 1245 gründet der Abt von Clairvaux die höhere Schule Saint-Bernard in Paris. Diese innerhalb des Ordens umstrittene Neuerung wird von anderen Abteien nachgeahmt, die ihrerseits Theologieschulen gründen. Im übrigen ändert der Eintritt in das Jahrhundert die ökonomischen Strukturen des Ordens: die Abteien beziehen Einkünfte aus den von ihnen geleiteten Pfarreien, erhalten Steuern, und ab 1180 kaufen sie Land. Die Abteien stellen immer mehr Profane ein, um den Laienbrüdern zu helfen, und die Ländereien gleichen durch die abnehmende Eigenbewirtschaftung mehr und mehr einem Gutsbetrieb. Die Mönche verkaufen ihre Produkte auf den Märkten. Trotz wiederholter Vorbehalte des Generalkapitels, führen diese Praktiken dazu, eine Institution zu werden. Ab Ende des 12. Jh. werden Kritiken laut, wie die des Helinand de Froidmont oder Joachim de Flore. Viele sind sich der Notwendigkeit einer Reform bewusst, aber neue Prüfungen sollen auf sie zukommen.

◀ Fontfroide. Der Zisterzienserorden war direkt in den Konflikt mit den Katharern im Languedoc, die „Angelegenheit des Friedens und des Glaubens“, einbezogen. Pierre de Castelnau, Mönch aus Fontfroide, der 1208 ermordet wurde, brachte Innozenz III. dazu, einen Appell für den Kreuzzug gegen die Albigenser zu verkünden. Das geistige Oberhaupt dieses Kreuzzugs war Arnaud-Amaury, Abt von Cîteaux. Foulque, Bischof von Toulouse ab 1206, war ein ehemaliger Abt von Le Thoronet.

▼ Las Huelgas Reales, Burgos, Sarkophag des Königs von Kastilien Alphons VIII. Und seiner Frau Aliénor Plantagenêt, die 1187 dieses Zisterzienser-Mönchskloster gründeten.

◀ Die Schlacht von Las Navas de Tolosa. Die Armeen von Pierre II. von Aragon und der Könige von Navarra schlugen 1212 mit Hilfe der Ritter von Calatrava die Almohaden. Dieser Orden wurde 1158 vom Abt Fitero gemäss dem Templerorden gegründet.

▲ Huerta, Refektorium, rechts die Kanzel. Den Bibeltexten zuhörend, essen die Mönche wortlos. Von Morimond abstammend, wurde Huerta 1162 gegründet. Sie bewahrt die Gebeine von Don Rodrigo Jiménez de Rada, Erzbischof von Toledo, Augenzeuge der Schlacht von Las Navas und deren Chronist.

◀◀ Les Vaux-de-Cernay. Mönch dieser Abtei, verfasste Pierre eine Chronik über die Kreuzzüge gegen die Albigenser.

◄◄ *L'Épau, ruhende Figur der Königin Bérengère, Witwe Richard Löwenherz' und Gründerin dieser Abtei.*

◄ *Flaran, Apsis. Im 13. Jh. gründeten der Graf von Armagnac und der Abt von Flaran die aus 1151 stammende „Bastide von Valence" um Arbeitskräfte anzulocken.*

► *Aiguebelle, Fliesen der Chorkapelle. 1348 pflegten Mönche die Pestkranken in diesen Häusern.*

▲ *Obazine, gemaltes Kirchenfenster. Der Abt von Obazine, Raymond de Pléaux, wurde 1310 vom Generalkapitel beauftragt, die Statuten des Ordens von Grandmont mit Hilfe des Abtes von Fontfroide, Arnaud Novelli, aufzustellen.*

◀ *Fontfroide, Kreuzgang. Jacques Fournier, Neffe von Arnaud Novelli, war ebenso Abt von Fontfroide. Als Bischof von Pamiers verhörte er die Einwohner von Montaillou, die der Ketzerei verdächtigt waren und wurde später, 1334, unter dem Namen Benedikt XII. Papst von Avignon. Er richtet 1335 die Bulle 'Fulgens sicut stella matutina' an die Zisterzienser, in der er die Beachtung der Regel verlangt.*

DER KAMPF UMS ÜEBERLEBEN

Ab 1250 sinkt die Zahl der Neugründungen. Die Rekrutierung wird schwierig, da die Bettelmönche Berufene auf ihre Seite ziehen. Spenden werden knapp, während die Aufgabe der Eigenbewirtschaftung und der Mangel an Arbeitskräften einen Produktionsschwund in den Scheunen mit sich bringt. Viele verschuldete Abteien können die Steuern, die von Philipp dem Schönen erhoben werden, nicht bezahlen. Das Einschreiten des Papstes, trotz der Bemühungen Benedikt XII. (1334-1342), ehemaliger Abt von Fontfroide, das Einsetzen der Kommende unter Clemens VI. (1342-1352), die häufig den Besitzstand der Abteien zugunsten der Laiengeistlichen, die an die Spitze gesetzt wurden, unterschlägt, zerrüttet den Orden. Die Befolgung der Regel wird in den Abteien schwierig, die ebenso unter dem Umschwung der Epoche leiden: schlechte Ernten der Jahre 1315-1320, die Rezession, die Europa ab 1335 erschüttert, die schwarze Pestepidemie von 1347-1349, und insbesondere der Hundertjährige Krieg. Die große Kirchenspaltung von 1378 ist ein neues Hindernis des Ordenszusammenhalts. Die Abteien in Frankreich, Schottland und Spanien bleiben Clemens VII. treu, während die in Deutschland, England, Italien, Böhmen und Polen Urban VI. unterstützen. Das Generalkapitel tagt nicht mehr. Nach dem Konzil von Konstanz im Jahre 1414, versammeln sich die Christen um Martin V., der 1417 zum

Papst gewählt wird, und 1422 hält das Generalkapitel wieder eine Versammlung ab. Vor Ort wird die Ordensdisziplin wiederhergestellt: in Spanien reformiert Martin de Vargas, Mönch in Piedra, die meisten kastilischen Klöster und gründet 1438 die Ordensobservanz des hl. Bernhard; in Italien vereinigt Alexander VI. 1496 die Abteien der Toscana und der Lombardei zur italienischen Bruderschaft San-Bernardo. 1494 ruft Jean de Cirey, Abt von Cîteaux, vierzig Zisterzienseräbte nach Paris, die die reformierten Statuten anerkennen. Ein neuer Rückschlag erfolgt jedoch 1521 durch die Reformation, die das Mönchtum verwirft: in Deutschland und England werden die Orden aufgelöst und in Frankreich verwüsten die Religionskriege zahlreiche Abteien. Ende des 16. Jh. bleiben von den siebenhundertvierzig Mönchsklöstern, die seit 1098 gegründet worden waren, nur noch vierhundert in einem oft katastrophalen Zustand übrig. Ermutigt durch die Impulse des Konzils von Trient, 1570, erstellt der Abt von Clairvaux, Kardinal Hieronymus de La Souchière, ein Reformprogramm und gruppiert die Abteien in nationale und regionale Kongregationen unter die Oberhoheit des Generalkapitels. Dennoch scheint der Zusammenhalt des Ordens abermals bedroht. Die portugiesische Kongregation, die ab 1567 unter Abt Alcobaça neugestaltet wurde, sowie die italienische Kongregation San-Bernardo verlangen mehr Autonomie. In Frankreich

◀ *Fountains, Turm-und Abteikirchenruinen. Als Heinrich VIII. 1534 die Akte der Oberhoheit wählen liess um Oberhaupt der englischen Kirche zu werden, waren die Tage der Fountains gezählt. 1539 wurde das Kloster wie alle anderen in England geschlossen. Von diesem Tochterhaus von Clairvaux blieben nur grossartige Ruinen übrig.*

▶ *Sénanque, Kreuzgang. Die Waadtländer wurden Ende des 12. Jh. exkommuniziert und flüchteten sich in den Luberon. 1544 zündeten sie Sénanque an und erhängten zwei Mönche.*

◀ *Cadouin, Abtsessel. 1117 erhielt die Abtei als Geschenk das hl. Schweisstuch. Anfangs des hunderjährigen Krieges in Sicherheit gebracht, kam es nach der Schlacht von Castillon 1543 nach Cadouin zurück. Ein gotischer Kreuzgang kam hinzu. 1993 eröffnete eine Expertise dass der Stoff aus dem 11. Jh. stammt und kufische Schriftzeichen trägt.*

◀◀◀ *Léoncel, Apsis der Abteikirche. Der dreiunddreissig Meter hohe Turm entspricht nicht der Norm.*

◀◀ *Valmagne, Waschbecken. 1477 wurde über die Abtei die Kommende verhängt. 1571 ging ihr Abt zu den Protestanten über.*

◀ *Rueda, der Turm im Mudéjar-Stil und das Kloster. Enkeltochter des Morimond, 1181 gegründet, kam diese Abtei im 16. Jh. unter Kommende bevor sie sich 1616 der aragonischen Zisterzienser-Kongegration anschloss.*

gründet der Abt von Feuillant, Jean de la Barrière, ein eifriger Reformer, 1587 mit Unterstützung durch Papst Sixtus VI. eine unabhängige Kongregation der Cîteaux. Anfang des 17. Jh. teilt sich der Orden nach zwei verschiedenen Richtlinien: die Gruppe der *Enthaltsamen* oder die der *Strengen Observanz*, die 1618 von dem ehemaligen Abt von La Charmoye, Octave Arnolfini, mit Unterstützung der Äbte von Cîteaux und Clairvaux gegründet worden war, preisen die strikte Anwendung der Regel des hl. Benedikt, während die Konservativen sich 1625 unter dem Namen *Gemeinsame Observanz* zusammenschließen. 1636 gelingt es Richelieu, der Abt von Cîteaux geworden war, die Einheit wiederherzustellen. Bei seinem Tod im Jahre 1642 flammt der *Krieg der Observanzen* wieder auf, und schließlich legitimiert Alexander VII. 1666 die Existenz beider Observanzen. Unter den Anführern der Strengen Observanz befindet sich der Abt von La Trappe, Armand Jean le Bouthillier de Rancé, der seine Abtei energisch reformiert: 1700, bei seinem Tod, beherbergt sie neunzig Professe, gegenüber sechs im Jahre 1642. Die Reform von Rancé erreicht andere Abteien, wie Hautefontaine, Perseigne, Sept-Fons, Orval, Barbeaux und Châtillon in Frankreich, sowie Casamari in Italien. Somit kann die Reform von Rancé als Überlebensflamme der Revolution trotzen, obwohl der Orden kurz vor der Revolution insgesamt geschwächt war, und der Zisterziensergeist gelangt zu neuem Glanz.

▲▲ *Alcobaça. 1567 bildeten die portugiesischen Abteien eine Kongregation.*

▲ *Veruela. Stiftssaal. 1145 gegründet, schliesst sich diese navareser Enkeltochter von Escale-Dieu 1616 der aragonesischen Kongegration der Zisterzienser an.*

▶ *Port-Royal, dieses, unter Aufsicht von Vaux-en-Cernay den Zisterziensern angeschlossene Nonnenkloster, war im 17. Jh. Die Wiege des Janseismis.*

◀ *Clairvaux, Saal der Laienbrüder.*

▲ *Armand Jean le Bouthillier de Rancé (1626-1700) Aus reicher Familie stammend tritt er 1651 in den Orden, ohne auf die Mondanitäten zu verzichten. Er liest die Messe der Abtei von La Trappe. Nach dem Tod seiner Freundin, der Herzogin von Monbazon und seines Beschützers, Gaston von Orléans, tritt er 1663 in das Noviziat in Perseigne ein. Er wird Abt von La Trappe, schliesst sich der Strengen Observanz an und reformiert seine Abtei gemäss den ersten Regeln der Zisterzienser.*

▶ *Royaumont. 1229 von Saint Louis gegründet, wird die Abtei 1791 versteigert um zur Spinnerei zu werden.*

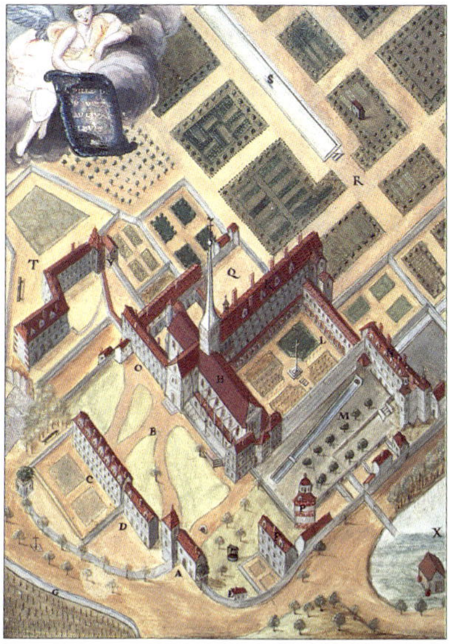

◀ *Fontenay, Kreuzgang. 1557 kam die Abtei unter die Kommende. Aufgrund finanzieller Schwierigkeiten verkamen die Gebäude; das Refektorium musste im 18. Jh. abgebrochen werden. Der Name kommt aus dem Lateinischen 'Fontenaium', 'der in den Wassern badet', eine wichtige Grundlage für eine Papierfabrik, die sich hier im 19. Jh. einrichtet. 1906 wird diese aufgekauft und restauriert. Seit 1981 ist sie als ein Kulturerbe der Menschheit von der Unesco anerkannt. Alcobaça, erhält 1985 die gleiche Ehre.*

▲ Poblet, Keller. Seit 1835 verlassen, wird Poblet 1940 von den italienischen Kongegrats-Mönchen aus Saint-Bernard wieder bewohnt.

▶ La Oliva. 1150 lässt sich Fitero, Tochterhaus des Escale-Dieu in La Oliva, Navarro nieder. 1809 von Napoleons Soldaten vertrieben, kommen sie 1814 wieder, um 1820 durch den Triennat Libéral hinausgeworfen zu werden. Sie bewohnen 1823 das Kloster wieder, müssen es aber wie alle spanischen Mönche 1835 wegen der „Desamortización" verlassen. 1927 beleben Mönche der strengen Observanz La Oliva von neuem.

▶ Fontfroide, Keller. 1791 wird die Abtei Staatseigentum. Pater Barnouin übernimmt sie 1858. Unter der Leitung von Pater Jean wollten die neuen Mönche an das ursprüngliche Zisterzienserideal anknüpfen, aber die antiklerikale Regierung Combes veranlaßte sie, sich nach Spanien zurückzuziehen. 1908 wurde die Abtei von einer Familie aufgekauft, die Fontfroide ihre Schönheit wiedergibt.

▶▶ Kloster von Lérins auf der Insel Saint-Honorat. Sitz der Kongregation von Sénanque.

▲▲ *Villers, Brauhaus. Diese Abtei wurde 1794 von den kaiserlichen Truppen geplündert, 1796 die letzten Mönche vertrieben.*

▲ *Hautecombe. Diese Abtei am Ufer des Sees von Bourget, die der hl. Bernhard 1133 und 1135 besuchte, schloss sich 1831 der Gemeinsamen Observanz an. Sie beherbergt das Mausoleum der Grafen von Savoyen.*

DIE GLUT SCHWELT UNTER DER ASCHE

Die französische Revolution von 1789 verschont weder die Zisterzienser noch andere Bruderschaften. Ab November 1789 werden ihre Güter konfisziert und verkauft. Im Februar 1790 hebt die Nationalversammlung den Orden wegen Nutzlosigkeit auf. Die bedrohten Mönche suchen Zuflucht im Exil. Nur die Gemeinschaft von La Trappe unter der Leitung von Dom Augustin kann sich halten und flieht vor den Revolutionstruppen in die Schweiz. Ab 1796, unter den Eroberungen der Revolutionäre und ab 1803 mit Napoleons Besetzung, breitet sich eine Welle der Verweltlichung über ganz Europa aus. Anfang des 19. Jh. tritt der Orden, trotz der Erneuerungsversuche mutiger und leidenschaftlicher vertriebener Mönche, kaum noch in Erscheinung. Erst nach dem Sturz Napoleons 1815 und dem Handeln der Päpste Pius VII. (1800-1823) und Gregors XVI. (1831-1846) taucht der Geist der Zisterzienser wieder auf. Ab 1820 vereinigen sich die Abteien in Belgien, Österreich und Italien zu Bruderschaften. In Südfrankreich gründet Abt Barnouin 1867 die von Sénanque, zu der die Abteien von Fontfroide, Lérins, Pont-Colbert und von Hautecombe gehören. 1869 verbünden sich diese Bruderschaften und nehmen den Namen *Zisterzienserorden der Gemeinsamen Observanz* an, der 1894 vierundzwanzig Mönchsabteien und sechsundneunzig Frauenklöster zählt. Die

Trappisten gründen ihrerseits 1892 den *Orden der Strengen Observanz*. Im Laufe des 20. Jh. entwickeln sich beide Orden, trotz der Schwierigkeiten mit den religionsfeindlichen Gesetzen und der Kriege, weiter. Der Orden der Gemeinsamen Observanz engagiert sich mehr für pastorale Tätigkeiten: in Österreich, Deutschland und Italien übernehmen sie Verantwortung für Schulen und Pfarreien, anderenorts leiten sie Waisenhäuser. In der Dritten Welt nehmen sie an Missionen und Hilfsaktionen teil. 1990 verbindet die Gemeinsame Observanz zwölf Bruderschaften und zählt 1.300 Ordensbrüder und -schwestern. Im gleichen Jahr treten 4440 Trappisten, Brüder und Schwestern, auf 162 Abteien verteilt, in die Strenge Observanz ein. Unter der Oberhoheit des Generalkapitels und eigener Konstitutionen üben sie sich in einem beschaulichen, von der Gesellschaft zurückgezogenen Leben in Gründer- und Tochterhäusern. Ihre Zeiteinteilung besteht in Chorgebet, *Lectio Divina*, Breviergebeten, handwerklichen Tätigkeiten und intellektueller Arbeit: 1933 kreierten sie die Zeitschrift *Collectanea Ordinis cisterciensis reformati*, und später die Sammlung *Commentarii cistercienses*. Trotz ihrer Unterschiede fühlen sich die Mitglieder der Zisterzienserfamilie, Orden wie Bruderschaften, durch das gleiche Erbe, das sie von den ersten Vätern erhielten, und das von zahlreichen Mönchen und Ordensschwestern gelebt wird, vereint.

◀ Charles de Foucauld, Adeliger, 1858 geboren, tritt 1876 in Saint-Cyr ein und wird Offizial. Als Rabbiner verkleidet erforscht er 1883 Marokko. 1886 konvertiert er und tritt in Notre-Dame des Neiges ins Noviziat ein. Nach mehreren Aufenthalten in Syrien, Palästina und Algerien wird er 1901 als Priester geweiht. Als Einsiedlermönch lebt er im Hoggar und lernt die Sprache der Tuaregs. Er wird 1916 von einem Rivalenstamm ermordet.

▶ Acey, Kirchenschiff. Diese Abtei an der Grenze von Burgund und der Franche-Comté wurde 1136 oder 1134 von den Mönchen von Cherlieu, einem Tochterhaus von Clairvaux, gegründet. Seit 1873 wird sie von Trappistenmönchen aus Aiguebelle wieder bewohnt.

◀ Cañas, Teilansicht des Grabes von Donna Urraca, Äbtin von 1225 bis 1262. Diese Abtei von Rioja wurde seit ihrer Gründung 1170 immer von Ziterzienser-Nonnen bewohnt, heute der Zisterzienser-Kongegration Saint-Bernard angeschlossen.

◀◀ Vallbona, das Kloster. Auf dem Gebiet der Grafschaft von Barcelona, von Einsiedlern bewohnt, wird es 1172 von Nonnen, die sich der Ziterzienser anschliessen, besiedelt. Heute ist Santa Maria von Valbona Mitglied der Zisterzienser-Kongegration der aragoner Krone.

◀ Maubuisson, Nonnensaal. Diese, den Zisterziensern angeschlossene Frauenabtei, wurde 1236 von Blanche von Castille gegründet. Saint-Louis Mutter wollte im Chor der Nonnen beerdigt werden.

INHALTSVERZEICHNIS